장 도감

글 고은정

우리장학교 대표, 약선식생활연구센터 소장이며, 현재 지리산 실상사 앞에 자리 잡은 '맛있는 부엌'에서 살고 있습니다. 남자 어른들을 위한 음식 강의, 어린이를 위한 밥상 강의도 즐겁게 하는 음식문화운동가입니다.
전국 어느 곳이든 찾아가 장과 김치, 그리고 우리 생활과 밀접한 음식에 대한 이야기를 들려주며, 어린이부터 어른까지 누구나 직접 음식을 해 먹을 수 있는 독립적인 삶을 응원하고 있습니다. 세상의 다양성을 인정하는 것이 삶을 풍요롭게 하듯이, 음식의 맛도 각자의 맛을 찾아가고 자신의 맛을 만들어 내는 것이 중요하다는 것을 늘 강조합니다. 지은 책으로 《장 나와라 뚝딱》, 《밥을 짓다 사람을 만나다》, 《우리 학교 장독대》, 《국·찌개 도감》, 《김치 도감》, 《반찬 도감》, 《밥 도감》 등이 있습니다.

그림 안경자

산 좋고 물 맑은 충청북도 청원에서 태어났습니다. 대학교에서 서양화를 공부한 뒤 어린이들에게 그림을 가르쳤고, 지금은 식물 세밀화와 생태 그림을 그리고 있답니다. 숨어 있는 곤충이나 작은 풀들을 잘 찾아내서 주위 사람들을 깜짝 놀라게 하지요. 할머니가 되어서도 자연의 아름다움을 그리는 것이 꿈이랍니다. 《풀이 좋아》, 《세밀화로 그린 보리 어린이 풀 도감》, 《어린이 산책 도감》, 《꽃이랑 소리로 배우는 훈민정음 ㄱㄴㄷ》, 《파브르에게 배우는 식물 이야기》, 《무당벌레가 들려주는 텃밭 이야기》, 《콩 농사짓는 마을에 가 볼래요?》, 《동물이랑 식물이 같다고요?!》, 《식물은 떡잎부터 다르다고요?!》, 《동물은 뼈부터 다르다고요?!》, 《우주랑 사람이 같다고요?!》, 《김치 도감》, 《밥 도감》, 《국·찌개 도감》, 《반찬 도감》 등에 그림을 그렸습니다.

재료부터 만드는 방법까지 한눈에 살펴보는

장 도감

초판 1쇄 발행 | 2025년 3월 20일

글쓴이 | 고은정
그린이 | 안경자

펴낸이 | 조미현
책임편집 | 황정원
편집진행 | 노정임
디자인 | 토가 김선태
마케팅 | 임혁
제작 | 이현

펴낸곳 | (주)현암사
등록 | 1951년 12월 24일 제10-126호
주소 | 04029 서울시 마포구 동교로12안길 35
전화 | 02-365-5051   팩스 | 02-313-2729
전자우편 | child@hyeonamsa.com
홈페이지 | www.hyeonamsa.com
블로그 | blog.naver.com/hyeonamsa
인스타그램 | www.instagram.com/hyeonam_junior

ⓒ 고은정, 안경자, 노정임 2025

ISBN 978-89-323-7649-3 73380

* 이 책은 저작권법에 따라 보호를 받는 저작물이므로 저작권자와 출판사의 허락 없이 이 책의 내용을 복제하거나 다른 용도로 쓸 수 없습니다.
* 책값은 뒤표지에 있습니다. 잘못된 책은 바꾸어 드립니다.
* 현암주니어는 (주)현암사의 아동 브랜드입니다.

	제품명 도서	전화 02-365-5051
KC	제조년월 2025년 3월	제조국명 대한민국
	제조자명 (주)현암사	사용연령 8세 이상
	주소 서울시 마포구 동교로12안길 35	

주의: 책 모서리에 부딪히거나 종이에 베이지 않도록 주의해 주세요.
• KC 마크는 이 제품이 공통안전기준에 적합하였음을 의미합니다.

재료부터 만드는 방법까지
한눈에 살펴보는

장
도감

글 고은정 | 그림 안경자

현암
주니어

차례

일러두기 _ 7

머리말 _ 8

내가 만드는 안전한 부엌 _ 9

- ▶ 계획하기 _ 어떤 장을 담가 볼까요? _ 10
- ▶ 장의 핵심 재료 _ 콩과 메주 _ 12

 **1부**

한국의 장

- ▶ **장**
  간장과 된장이 한꺼번에 뚝딱! _ 16

- ▶ **고추장**
  붉은빛 맛깔스러운 장이 뚝딱! _ 28

- ▶ **청국장**
  콩 하나로 구수한 장이 뚝딱! _ 32

- ▶ **막장**
  된장보다 빠르게 뚝딱! _ 34

2부
자주 먹는 장 음식

▶ **날마다 먹는 양념장** _ 38

- 두부된장쌈장 _ 40
- 맑은 된장국 _ 42
- 애호박된장찌개 _ 43
- 간장불고기 _ 44
- 약고추장 _ 46
- 떡꼬치 _ 48
- 기름떡볶이 _ 49
- 김치청국장찌개 _ 50
- 막장소스덮밥 _ 52

편집자의 편지 _ 54
찾아보기 _ 56

일러두기

- 장은 한국 음식에 쓰이는 조미료이자 양념이에요. 우리 밥상에 빠지지 않아요. 눈에 띄지 않더라도 음식 속에 녹아 있지요. 간을 맞춰 주고, 맛도 깊어집니다. 우리나라는 메주콩*의 원산지입니다. 옛 책을 보면, 고구려, 발해, 삼국 시대에 메주를 만들었다는 기록이 있어요. 집을 지을 때는 장독대 자리를 꼭 만들었답니다. 경복궁에도 수많은 장독을 두는 커다란 장독대 '장고'가 있어요. 이처럼 누구나 장을 만들고 먹어 온 역사가 참 오래되었어요.
지금도 장은 우리 음식에서 가장 중요한 양념이에요. 장을 만드는 원리와 방법을 함께 알아봅시다.

- 1부에서는 간장, 된장, 고추장, 청국장, 막장 만드는 과정을 자세히 살펴봅니다. 지역마다 집집이 장을 담그는 방법은 조금씩 달라요. 가장 기본적인 방법, 누구나 할 수 있는 조리법을 소개하려고 합니다. 장을 담그는 데에는 시간이 필요해요. 장이 익는 동안 어떻게 돌보고 보관할지까지 친절하게 알려 드립니다.

- 2부에서는 다양한 쌈장과 장으로 맛을 낸 음식 아홉 가지를 알아봅니다. 장이 우리 음식에 어떻게 녹아드는지 실제로 경험해 보세요. 특별한 조미료를 넣지 않고도, 장을 알맞게 넣으면 충분히 맛이 납니다. 장이 음식 재료와 만나서 어떤 맛을 내는지, 장에 따라 맛이 어떻게 달라지는지 맛 공부를 해 볼 수 있어요.

* **메주콩**
'대두, 노란콩, 백태, 흰콩' 등 부르는 이름이 많아요.
이 책에서는 장을 담글 때 자주 쓰는 말인
'메주콩'이라고 할게요.

머리말

반가워요, 친구들.
일단 이 책을 읽으려고 마음먹은 친구들을 칭찬합니다. 모든 일에서 나를 먼저 알아야 남도 알 수 있듯이 음식도 마찬가지랍니다. 먼저 우리 음식을 잘 이해하고 열심히 먹으면서 다른 나라의 음식을 먹는 것이 좋겠지요.

우리 음식을 잘 이해하고 먹으려면 가장 먼저 우리의 장을 알아야 해요. 지금은 장 담그는 분을 직접 찾아가서 배우거나 가게에서 사 먹지만, 오래전에는 그렇지 않았답니다. 선생님의 어머니 세대만 해도 전국의 거의 모든 집에서 장을 담갔어요. 같은 재료로 담가도 집마다 비슷하고도 조금씩은 다 다른 장맛이 나는 장이 담가졌어요. 이렇게 담근 장들(된장, 간장, 막장, 고추장, 청국장, 별미장 등)만으로 음식을 조리했고요.

"애걔! 얼마나 많은 소스들이 있는데, 장 몇 가지로 만들면 음식 맛이 다 거기서 거기 아닐까?" 하고 생각할 수도 있지만, 그렇지 않답니다. 예를 들어 봄의 전령사 같은 나물 냉이만 하더라도 다양한 맛으로 변화시킬 수 있어요. 냉이된장무침, 냉이간장무침, 냉이된장간장무침, 냉이고추장무침, 냉이초고추장무침, 냉이된장국, 냉이 맑은국을 만들고, 냉이전을 부쳐서 간장에 찍어 먹고요. 한 가지 재료로 이렇게 수많은 새로운 맛을 내는 음식을 만들 수 있는 것은 온전히 우리 장의 힘이에요. 우리 장으로 음식을 조리하는 것은 참 흥미롭고 재미있는 일이라고 자신 있게 말할 수 있어요.

그뿐만 아니라 오래 보관할 수 있는 간장에는 역사가 담길 수도 있어요. 처음 장을 담갔다면 올해 담근 청장으로 음식을 만들어 기념해요. 그 후에도 계속 보관해서 3년, 5년 뒤, 더 오래된 뒤에 간장 맛의 변화를 보며 음식을 만들어요. 이웃이나 친구에게 내가 만든 장 이야기를 들려주며 함께 음식을 만들고 나누어 먹을 수도 있지요. 우리의 음식인 한식에는 생각만 해도 신나는 일들이 많아요.

그래서 선생님은 오랫동안 우리 장을 직접 담가서 음식을 만들자는 운동을 해 왔습니다. 공장에서 대량 생산하는 늘 같은 맛의 장들을 사다가 조리하는 것도 좋지만, 내 손으로 직접 담근 장으로 조리해서 밥상을 차리자는 것이지요. 장 담그기가 2018년에 국가 무형유산으로 지정되도록 애썼고, 2024년에는 유네스코에 지켜야 할 인류 무형유산으로 한국의 장 담그기 문화가 등재되는 데에 여러 사람과 같이 많은 노력을 해 왔답니다.

이제는 우리가 우리의 음식 문화유산을 지켜야 할 때라고 생각해요. 친구들! 친구들도 선생님과 함께 이 책을 보며 우리의 장을 지키려는 노력을 같이해요. 한식엔 한식장이 딱 맞습니다.

_ 고은정

내가 만드는 안전한 부엌

장독으로 쓰는 옹기는 미세한 구멍이 많은 그릇이라서 깨지기 쉽고, 물이 스밀 수 있어요. 물이 고이지 않는 곳에 평형을 맞추어 기울어지지 않도록 안전하게 두면 괜찮아요. 항아리 세 개 정도 놓을 공간만 있으면 장독대를 만들 수 있어요.

무엇이든 뚝딱 음식을 만들어 내는 부엌은 위험한 물건도 많지요. 깨지기 쉬운 그릇, 그리고 칼, 불, 물 등이 있어요. 음식 만드는 순서를 미리 알아보고, 천천히 재료를 준비한 뒤 주의 사항을 확인하면, 누구나 안전하게 맛있는 음식을 만들 수 있어요!

계획하기 # 어떤 장을 담가 볼까요?

대표적인 장

간장/된장

- **재료:** 메주, 소금, 물
- **보관하는 방법:** 장독에 두고 익혀요.
- **특징과 시기:** 한 장독에 장을 담가서, 간장과 된장으로 나누어요. 이른 봄에 담그고, 가을부터 먹어요.

고추장

- **재료:** 메줏가루, 고춧가루, 쌀조청, 소금, 물
- **보관하는 방법:** 수분이 날아가지 않도록 뚜껑이 있는 통에 담아 냉장고에 넣어요.
- **특징과 시기:** 고춧가루가 들어가서 붉은빛을 띠어요. 주로 겨울에 쑤어요. 적은 양을 사시사철 언제든지 담가도 괜찮아요.

청국장

- **재료:** 삶은 메주콩
- **보관하는 방법:** 만들어서 곧바로 먹어요. 오래 보관하려면 얼려요.
- **특징과 시기:** 따뜻한 곳에서 2~3일 동안 띄워야(발효시키는 걸 말해요.) 해서 주로 겨울에 만들었어요.

막장

- **재료:** 보리쌀, 메줏가루, 고춧가루, 엿기름, 소금, 물
- **보관하는 방법:** 장독에 두거나 냉장고에 보관해요.
- **특징과 시기:** 햇보리가 나오는 초여름에 담가요. 적은 양을 사시사철 언제든지 담가도 좋아요.

준비물

* 장을 처음 담근다면, 계획이 필요해요. 먹고 싶은 장, 장독을 놓을 장소, 익는 시간을 알아보고, 함께 계획을 세워 보세요.

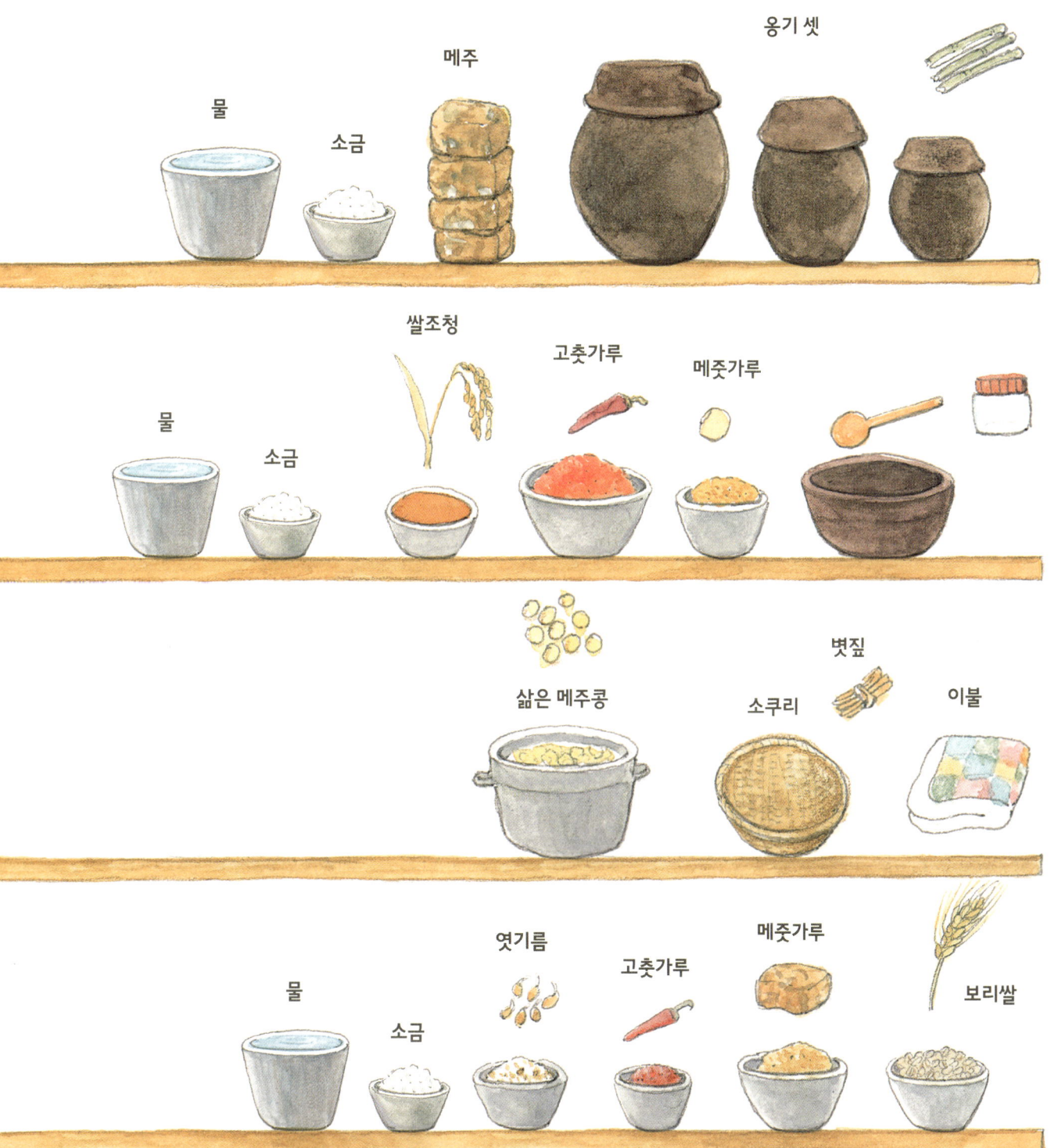

장의 핵심 재료 콩과 메주

여러 가지 콩

돌콩, 강낭콩, 검정콩, 녹두, 땅콩, 완두, 팥

콩

세계적으로 콩의 종류가 아주 많아요.
천 가지가 넘는대요.
야생에도 있고, 농사짓는 콩도 있지요.
그중 메주콩(대두)으로 메주를 씁니다.
콩이 메주로, 메주가 장으로
발효되는 과정에 단백질이 필요한데,
메주콩에는 단백질이 많이 들어 있습니다.

메주콩

단백질이 36~40퍼센트 들어 있어요!

콩이 자라는 모습

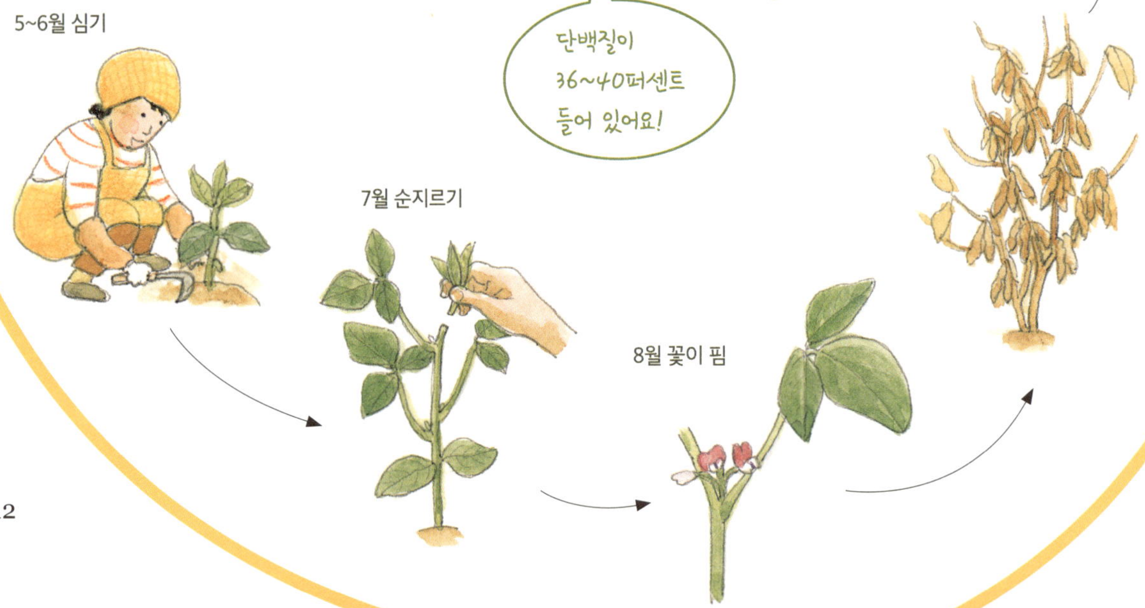

5~6월 심기 → 7월 순지르기 → 8월 꽃이 핌 → 10월 거두기

메주

가을에 거둔 해콩을 잘 말려 두었다가, 겨울이 시작하면 메주를 만들어서 띄워요. 겨우내 2달 가까이 걸어 둡니다.

메주 만드는 시기는 11월 말~12월 초

- **삶기**

  찬물에 재빨리 씻은 뒤, 가마솥이나 압력솥에 콩과 물을 넣고 삶아요.

  가마솥은 8~10시간, 압력솥은 1시간 삶아요.

- **절구에 찧기**

  손으로 눌러 뭉개지면 잘 삶아진 거예요. 콩의 물기를 뺀 뒤, 절구에 넣고 찧어요.

- **메주를 빚어 짚 위에 올려 두기**

  네모난 모양으로 메주를 빚어요. 둥글게 빚기도 해요. 겉이 마를 때까지 짧게는 2~3일, 길게는 2주쯤 따뜻한 방에서 볏짚 위에 놓고 말려요.

- **매달아 두고 말리기**

  바람이 잘 통하는 곳에 매달아 두면, 메주가 천천히 마르면서 속속들이 띄워져요.

약 2개월 동안 말리기

※ 볏짚이 발효가 되도록 도와주어요. 발효가 잘될수록 곰팡이균이 메주 전체를 감싸고, 무게는 점점 가벼워져요. 1~2월에 시장에 가면 메주를 살 수 있어요. 잘 뜬 메주를 골라서 장을 담가 보세요.

1부

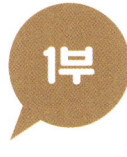

한국의 장

우리나라의 대표적인 다섯 가지 장을 알아봅니다.

가까운 시장에서 재료를 사서

누구나 담글 수 있어요.

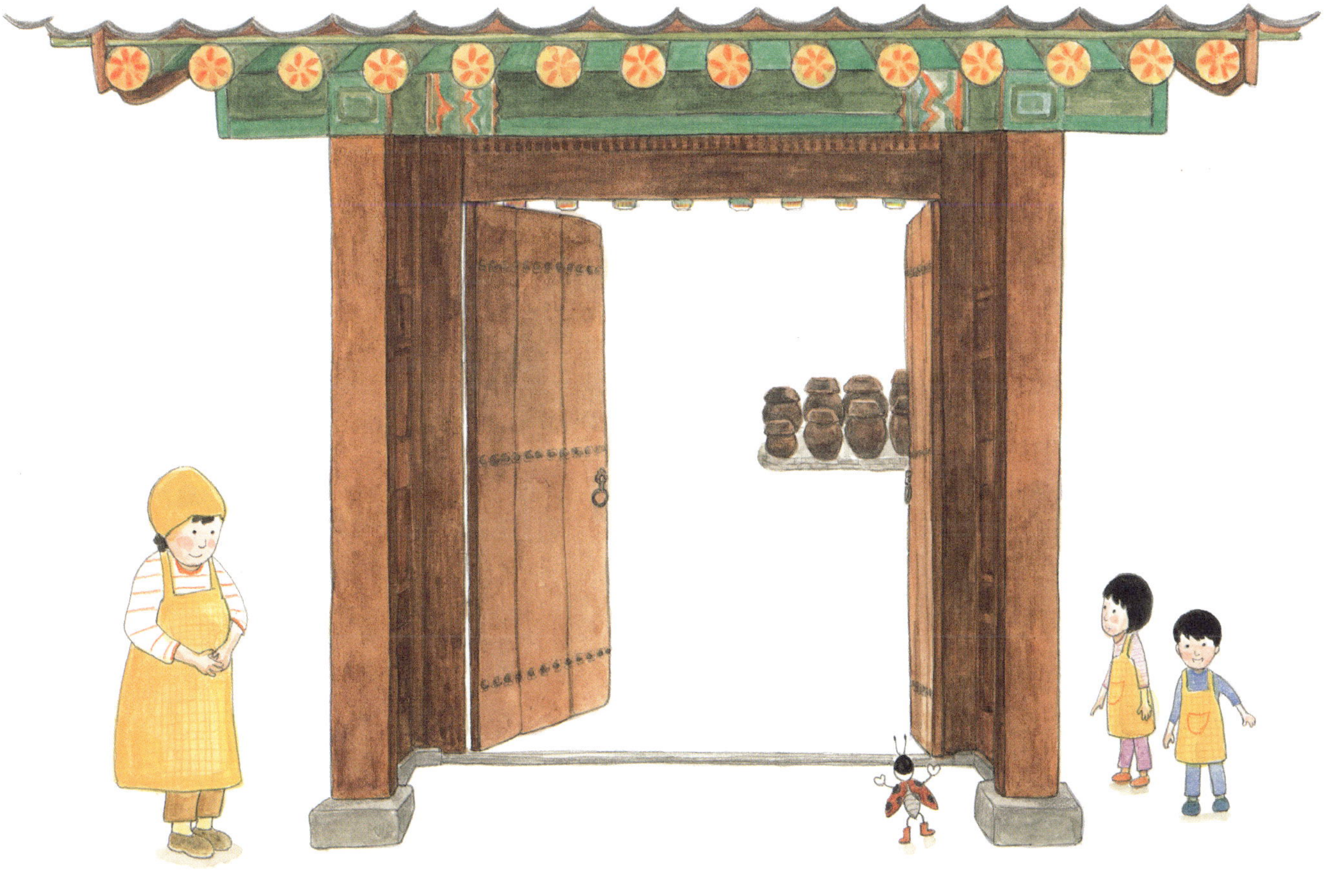

장  간장과 된장이 한꺼번에 뚝딱!

"쉬워."
어른께 여쭈어보면 한결같이 장 담그기는 쉽다고 하십니다.
메주만 있으면 누구나 금세 한다고 알려 주시지요.
장을 담그는 조리법은 비밀이 아닙니다.
그런데 왜 어렵게 느껴질까요?
오래전부터 담갔기 때문에 옛 단위로 측정해서일 거예요.
"메주 한 말, 물 한 동이, 소금 넉 되만 있으면 되지."

메주 1말

물 1동이

소금 4되

말

동이

되

콩 무게로 약 8킬로그램이에요.

'메주 한 말'은 콩 한 말

콩을 쑤어서 메주를 만들면 무게가 달라져요.
발효가 되고 마르면서 메주가 점점 가벼워지는데,
완성된 메주는 그 무게가 해마다 다르답니다.
그래서 메주의 재료가 되는 콩을 기준으로 분량을 재는 거예요.

메주 한 말

말은 곡식을 재는 그릇이자 단위예요.
약 18리터(L)입니다.

1말은 18.039리터

장독대에서 6개월

장이 익는 기간이 길어서 어렵게 느껴질 수 있어요.
첫해에는 장이 되기까지 5~6개월을 기다려야 하지만,
한 번 담그면 1년 동안 먹을 분량이 나와요.
해마다 담근다면 언제나 장을 뜰 수 있는
보물 창고가 생겨요.

"장독대는 어떻게 만드나요?"

햇빛이 들고 바람이 잘 통하는 공간에 장독대를 만들어요.
장독대에 물이 고이면 독에 스며들 수 있어요. 물 빠짐이 잘되는 자리에 놓거나,
벽돌이나 튼튼한 받침을 깔고 장독을 놓아 주세요.

- ☑ 원래 있던 장독대를 되살려요.
- ☑ 베란다에 장독대를 만들어요.

> 바람이 잘 통하는 곳!
> 실내에 만들었다면
> 환기를 자주 해 주세요.

장독(옹기)은 흙으로 만들고
유약을 바르거나 코팅을 하지 않기 때문에
금이 가지 않도록 조심히 다뤄요.

장독을 '숨 쉬는' 그릇이라고 해요.
흙으로 만든 독에 장을 담가야 공기가 알맞게 통하면서 메주가 발효됩니다.

장독을 씻어서 말려요.
눈에 보이지 않는 미세한 구멍이 있으므로 거품이 나는 세제는 쓰지 않아요. 진한 소금물을 풀고 부드러운 수세미로 닦은 뒤, 뜨거운 물로 몇 번 헹구어 말려요.

한 말 분량의 장독 1개
약 34~36리터

된장독 1개
18~20리터

간장독 1개
10~12리터

유리 뚜껑

Q. 메주 한 말을 담그면, 장이 얼마나 나올까?

메주 한 말

된장
약 12~13킬로그램(kg)

간장
약 4리터(L)

날씨에 따라, 장 가르기(27쪽)를 어떻게 하느냐에 따라 장의 양은 달라질 수 있어요.

만드는 방법 ① **메주를 씻어요.**

24절기 중 경칩 무렵에 장을 담가 왔어요.
겨울잠을 자던 동물과 식물이 깨어나는 날이 경칩이에요.
음력으로는 2월, 양력은 3월 5일쯤이에요.
겨울에 준비해 둔 메주를 꺼내서 물에 씻어요.
쓱쓱 재빨리 씻은 뒤 햇볕에 말려요.

메주와 솔 지푸라기나 수세미로 씻어요.

"메주 겉을 깨끗하게 싹싹 씻나요?"

두 가지를 기억해 주세요.
너무 열심히 씻지 않기! 물에 푹 담가서 씻기 않기!
왜냐고요? 메주 겉에 핀 곰팡이는 발효를 도와주는 균이거든요.
먼지를 떨어내는 정도로 흐르는 물에 씻어요.
또 메주가 물을 너무 많이 머금으면 염도를 맞추기가 어려워요.
소금물 농도(염도)는 무척 중요하답니다!
메주 속까지 물이 들어가지 않도록 재빨리 씻어요.

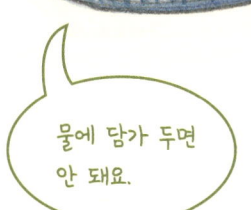

물에 담가 두면 안 돼요.

장을 담그기 며칠 전에 미리 **메주**를 닦아서
햇볕에 바싹 말리면 더 좋아요.
담그기 전에 씻어서 바로 담가도 괜찮습니다.

1월~2월

"장을 담그는 날이 정해져 있나요?"

2월(음력 1월) 안에 담그면 우리나라 어디서든 무난스레 담글 수 있어요.
저온에서 오래 숙성하면 더 맛있기 때문에 3월 초까지는 담그는 게 좋아요.
요즘 평균 기온이 올랐다고 하지요? 메주가 있다면 1월에 담가도 괜찮아요.
그리고 맑은 날에 담가요.
장독대가 집 밖에 있는 경우에는 비 오는 날은 피해야겠지요.
장을 함께 담글 식구들이 모일 수 있고, 마음이 편안하고
맑은 날이 장을 담그기에 가장 좋은 날입니다.

맑은 날

올해는 2월 셋째 주 주말에 담가야겠다!

장은 1년 365일 쓰는 중요한 음식 재료라서 장 담그기를 '1년 농사'라고 했어요.
그래서 **길일**(운이 좋고 복된 날)을 택해서 정성을 다해 장을 담갔어요.
기온이 낮은 1~2월에, 그리고 맑은 날이면 언제나 장 담그기 좋은 길일입니다.

> 만드는 방법 ❷ **소금물을 만들어요.**

물에 소금을 넣어 녹이는 간단한 과정이에요.
특별한 물도 특별한 소금도 필요하지 않아요.
수돗물로 담가도 괜찮습니다. 수돗물로 하려면 장 담그기 전날 물을 떠 놓아요.
입이 넓은 대야에 물을 부어 두면 수돗물 냄새가 날아가요.

물 20리터

계량하기

큰 그릇에 붓기

물 1동이는 20리터!

소금 4킬로그램

메주 한 말에 필요한 소금은 4킬로그램이에요.
소금은 발효도 도와주고, 또 오래 발효되는 동안
상하는 것을 막는 중요한 역할을 해요.

소금 4되는 4킬로그램!

정제염은 바닷물을 걸러 소금만 농축시켜 만들어요.
그래서 부피는 작아 보이지만 무게는 꽤 무겁답니다. 소금을 잴 때는 꼭 무게를 확인하세요.

장을 성공하는 열쇠는 바로 '염도'입니다.
소금물이 너무 짜거나 너무 싱거우면, 발효가 되지 않거나 상해 버릴 수 있어요.
정확한 소금물 계량이 장맛을 결정합니다.

소금 녹이기

염도계

염도계가 없다면
분량대로 하면 됩니다.
물과 소금 계량을 정확히 하세요.

<u>염도 17퍼센트</u>

"소금물 농도(염도)는 어떻게 맞추나요?"

바닥까지 잘 저어서 녹여요. 농도가 높아서 그냥 두면 소금이 녹지 않아요.
소금 알갱이가 없이 다 녹으면 그때 염도를 잽니다.
염도는 담그는 지역과 시기에 따라 달라질 수 있어요. 하지만 크게 다르지는 않답니다.
남쪽 지역이거나 따뜻한 3월에 담그면, 염도 20퍼센트로 높이면 됩니다.
소금 한 컵(약 200g)을 더 넣어요.

Q. 만약 천일염으로 담근다면 소금의 양이 달라질까?

1. 천일염은 500그램 더 넣어요.
   - ☑ 정제염 4킬로그램
   - ☑ 천일염 4.5킬로그램
2. 천일염을 녹인 뒤, 한참 가만히 두면 펄 흙이나 불순물이 그릇의 바닥에 가라앉아요.
   그런 다음에 윗물을 고운 천에 걸러서 써요.

> **만드는 방법 ❸** **장독에 메주를 넣고 소금물을 부어요.**

하늘은 맑고 바람이 살랑 부는 날이에요.
장을 담그는 날입니다. 씻어서 말려 둔 큰 독을 장독대에 놓아요.
장독에 메주를 차곡차곡 넣고, 조심조심 소금물을 부어요.

메주 넣기　　　　　　　　소금물 붓기

한 말 분량의 장독(약 34~36리터)

소금물을 부은 뒤,
숯과 잘 말린 대추와 고추를 띄워요.

있으면 넣고,
없으면 넣지 않아도
문제없어요.

진한 소금물에서는 어떤 물건도 둥둥 뜹니다. 메주도 마찬가지예요.
그래서 대쪽을 휘어서 메주가 물 밖으로 올라오지 않도록 눌러 줍니다.
소금기가 전혀 없던 메주에 소금물이 속속들이 스며들어요.
소금물이 메주와 만나서 염도가 낮아지면
메주는 점점 가라앉아요.

장이 맛있게 익기를 바라는 마음을 담아서 **금줄**을 두르기도 했어요.
볏짚으로 새끼를 꼬아 솔가지, 숯, 고추를 엮어 항아리의 배에 둘러놓는
풍습이에요.

장을 담그고 하루이틀만 지나도 투명하던 물색에 연한 간장 빛깔이 돌아요.
이제 50일이 지날 때까지 기다리면 됩니다.

메주를 눌러 놓을 대나무 쪽이 없다면,
아침마다 장독과 인사하며
긴 주걱으로 메주를 밀어 넣어 주면 됩니다.

Q. 50일 정도 기다리는 동안 무엇을 해야 할까?

그대로 두면 됩니다. 빗물이 들어가지 않게 하고,
가끔 들여다보며 향과 색의 변화를 보세요.
그러다가 혹시 '꽃'이라고 부르는 흰색 부유물이 생기면
고운 체로 떠내면 됩니다.

만드는 방법 ❹ **봄에 장을 갈라요.**

장 담근 지 50일이 지났어요.
우리 동네에 진달래가 필 때 장을 가릅니다.
대개 4~5월 맑은 날이라면 언제나 장 가르기 좋은 길일이에요.
'가른다'는 것은 물과 메주를 나누는 거예요.
장물은 간장이 되고,
건더기는 된장이 돼요.

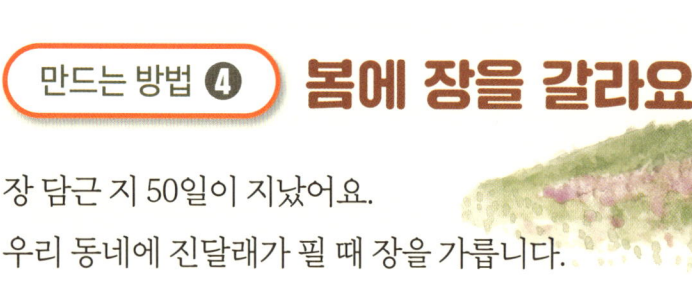

청장 장맛이 궁금하지요?
장을 가른 뒤 100일 후에 먹지만, 이때 뜬 맑은 장(청장)을 먹기도 해요.

씻어서 말려 둔 간장독과 된장독을 꺼내고
장 가를 준비물을 챙겨요.

고운 면 보자기 　　쳇다리 　　천과 고무줄 　　유리 뚜껑

된장

▶ 된장 건지기
메주 건더기를 꺼내서
큰 그릇에 모아요.

▶ 된장 치대기
단단하게 덩어리진 메주를 부수는 거예요.
손으로 치대요. 장물을 조금씩 부어 주면서
된장을 촉촉하게 만듭니다.

된장독 약 18리터

간장

▶ 간장 뜨기
물을 떠서
체에 걸러요.

▶ 간장 거르기
체로 거른 다음에
고운 면 보자기로
걸려요.

간장독 약 10리터

간장에 건더기가 들어가면
물이 탁해져요.

◀ 이때부터는 날이 따뜻해서 벌레가 꼬일 수 있어요.
장독 주변을 깨끗하게 한 뒤,
입구에 면포를 씌우고 고무줄로 묶어 주면
벌레를 막을 수 있어요.

가을부터
햇장을 먹어요.

장을 가른 지 100일이 지나면 맛있는 간장과 된장이 됩니다.

▶ 보관법
장독에 보관해요. 발효되면서 맛이 더 좋아져요.
수분이 많이 날아가면 간장은 양이 줄고
된장은 딱딱해져요. 틈새가 적은 유리 뚜껑으로 덮어 놓는 게 좋아요.

고추장

붉은빛 맛깔스러운 장이 뚝딱!

우리 민족은 수천 년 동안 장을 담가 먹었습니다.
그러다 약 400년 전 장이 고춧가루와 만나게 되었어요.
음식을 연구하는 학자들은 우리나라에 고추가 들어온 것이
아주 중요한 사건이라고 말해요.

"장에 고춧가루를 더해서 더 맛있어졌나요?"

새로운 맛이 탄생했어요. 고춧가루뿐만 아니라 찹쌀과 같은 곡물도 들어가게 되었거든요.
매콤하고 달콤하고 짭조름하고 구수한 모든 맛이 다 들어 있어요. 그리고 향도 좋아졌어요.
비린내를 잡아 주고, 밋밋한 맛에는 개운한 향을 더해 주었답니다.

> **Q. 한국 음식의 역사에 고추가 벌인 가장 큰 두 사건은?**
>
> 첫째, 김치와 만났어요. 김치도 아주 오래전부터 담가 먹었는데, 고춧가루를 넣으면서
> 다양한 맛을 품은 김치가 많아졌어요. 생선으로 만든 젓갈도 들어가게 되었어요.
> 둘째, 장과 만났어요. 장을 담그는 기술에 고춧가루가 더해져서 새로운 맛을 내는
> 장이 만들어졌어요. 고추장은 빛깔까지 식욕을 돋운답니다.

28

고추장은 무척 다양해요. 지역마다 집마다 담그는 방법이 다 달라요.
뭐가 다를까요? 고추장에 넣는 곡물의 종류에 따라 이름이 달라집니다.
그리고 지역에서 나는 또 다른 재료를 넣기도 해요.

게다가 고추장에 들어가는 메주를
따로 만들기도 합니다.
다양하다는 것은 그만큼 사람들의
관심이 많고 음식 문화가 발전했다고
말할 수 있어요.

다양한 고추장 메주

"그렇다면 우리는 어떤 고추장을 담글 건가요?"

가장 간단한 조리법을 찾았어요. 재료는 구하기 쉽고, 사시사철 언제든 담그는 방법이에요.
고춧가루와 메줏가루는 아주 곱게 갈아 준비하고,
물을 끓일 수 있는 큰 통과 긴 주걱이 있으면 금세 담글 수 있어요.

재료
- 물 1.2리터
- 쌀 조청 1킬로그램
- 고춧가루 500그램
- 메줏가루 250그램
- 꽃소금 250그램

만드는 방법 ❶ 끓인 물에 조청을 녹여요.

물을 불에 올려요.
물이 팔팔 끓으면 불을 꺼요.
뜨거운 물에 조청을 넣어
녹여요.

※ 화상 주의!
　뜨거운 냄비, 끓는 물 조심하세요.

5리터 이상 되는 큰 그릇에 물을 끓이면, 뜨거운 물을 옮기지 않아도 되니 안전하게 만들 수 있어요.

만드는 방법 ❷ 고춧가루를 넣고 섞어요.

조청 물이 식기 전 미지근할 때
고운 고춧가루를 넣어요.

고춧가루가 날리지 않게 가까이에서 천천히 부어요.

만드는 방법 ❸ 메줏가루를 섞어요.

곱게 가루 낸 메줏가루를 넣어요.
고춧가루와 메줏가루가 뭉치지 않게
큰 주걱으로 저어 주어요.

만드는 방법 ④ 소금을 넣어요.

소금을 넣어 간을 맞춰요.
고운 가루들이 섞여 뻑뻑하므로, 소금이 녹으려면
많이 저어 주어야 해요. 소금이 다 녹아야
발효도 잘되고 맛도 좋아져요.

뚝딱 고추장은 재료를 넣는 순서가 중요해요. 미지근한 조청 물에 고춧가루, 메줏가루를 섞은 뒤, 맨 마지막에 소금을 넣으세요!

※ 소금을 먼저 넣으면
   고운 가루들이 잘 섞이지 않아요.
   꼭 마지막에 넣어요!

짠맛
매운맛
단맛
구수한 맛
개운한 향

▶ 보관법
   29쪽 분량대로 담그면 고추장이
   약 3킬로그램 나와요.
   당도와 염도가 높지 않기 때문에
   작은 통에 나누어 담고, 냉장고에 두고 먹어요.

다양한 맛과 향이 어우러진 장

청국장
콩 하나로 구수한 장이 뚝딱!

콩의 원산지답게 우리는 콩으로 만든 음식이 아주 많습니다.
밥에도 넣어 먹고, 콩나물로 길러 먹고, 두부를 만들어서 먹어요.
콩물로 찬 국수를 말아서 먹기도 하고요.
메주콩을 거두고 메주를 만들고 나서, 콩 하나로만
청국장을 만들어 따끈하게 끓여서 먹었어요.

 →

밥밑콩　　**콩나물**　　**두부**　　**된장**

"청국장에는 정말 콩만 들어가나요?"

그렇습니다. 소금도 넣지 않아요.
콩에 물을 넣고 무르게 푹푹 삶은 뒤 발효시켜요.
겨울에 방에서 가장 따뜻한 곳에
청국장 소쿠리를 두고 정성스럽게 보살폈어요.

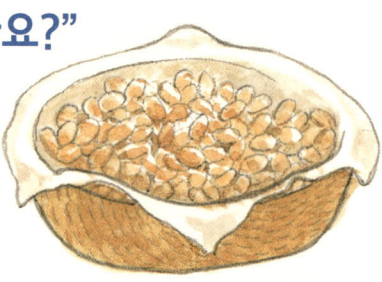

청국장

메주콩뿐만 아니라 콩 전체가 쓰여요.

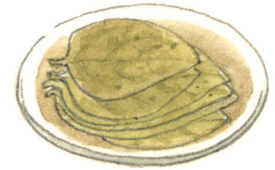 

콩잎장아찌

콩 뿌리 흙을 비옥하게 해 주어요.　　**콩깍지** 소먹이로 줬어요.

만드는 방법 ❶ 콩을 푹푹 삶아요.

쪼글쪼글한 콩알은 골라내고 물에 재빨리 씻은 뒤,
콩과 같은 양의 물을
넣고 푹푹 삶아요.

속이 깊은 솥에 끓이고
콩물이 넘치지 않도록 해요.

※ 콩을 삶으면 물이 와르르 끓어 넘치므로 찬물을 뿌려요.
압력솥에 삶으면 물이 넘치지 않아요.

만드는 방법 ❷ 짚을 깐 소쿠리에 담아요.

남은 물은 따라 내고, 잘 삶아진 콩을
온기가 식기 전에
띄워요.

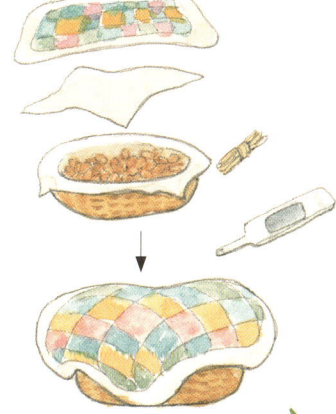

볏짚 발효가 되도록 도와줘요.

만드는 방법 ❸ 이틀 동안 띄워요.

온도를 일정하게 유지하면서 48시간이 지나면 완성이에요.
잘 뜬 청국장을 숟가락으로 떠 보면
거미줄 같은 흰 실이
생겨요.

볏짚을 군데군데 넣고,
촉촉한 면 보자기를 씌워요.
온도가 35~45도로 유지되도록
따뜻하게 덮어 두어요.

식기 전에 청국장을 찧어요.
절구에 넣고 슬렁슬렁 으깨요.

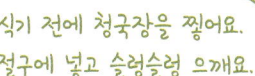
소금 고춧가루

▶ 보관법

청국장은 소금을 넣지 않고 콩 단 하나만으로 만들어요.
그래서 보관하기 전에 소금을 섞거나, 얼려 두고 먹어요.
찧을 때 소금과 고춧가루를 넣고,
한 번 먹을 만큼 동글게 빚어서
보관하면 먹기 편해요.

막장 된장보다 빠르게 뚝딱!

대표적인 장 말고도 지역마다 담그는 장이 있어요.
빠르게 막 버무려 담근다고 막장이라고 하지요. 간단하게 담근다는 뜻도 담고 있어요.
된장에 견주면 간단하다는 거예요. 여러 막장 중에서 우리는 보리쌀로 막장을 담가요.

- 재료 ❶ **메주 1킬로그램** 잘게 조각낸 뒤 곱게 간다.
- 재료 ❷ **물 3리터, 엿기름 300그램** 물에 엿기름을 넣고 조물조물 휘저어서 엿기름물을 만든다.
- 재료 ❸ **고춧가루 100그램**
- 재료 ❹ **소금 500그램**
- 재료 ❺ **보리 250그램** 물을 보리의 1.5배 넣고, 보리밥을 질게 짓는다.

만드는 방법

재료가 준비되었다면
섞기만 하면 됩니다.
질게 지은 보리밥을 큰 그릇에 부어
한 김 식힌 다음, 메줏가루, 고춧가루, 소금을 넣고
엿기름물을 넣으며 버무려요.

"청국장보다 담그기 쉽다고요?"

청국장은 재료는 단순하지만, 콩을 삶고 온도를 맞추며 보살피는 기술이 필요해요.
하지만 막장은 재료를 준비하면 금세 끝낼 수 있어요.
가르는 번거로움도 없고 발효되는 시간도 된장보다 짧으니 처음 담그는 사람이 도전해 보기 좋지요.
다만 해를 넘기면 색이 점점 검어지고 딱딱해지므로
먹을 만큼만 담가야 버리는 것이 없어요.

엿기름물을 부으며 농도를 맞추어 버무려요.

항아리에 담아 3~4개월 익힌 후 먹어요.

▶ 보관법
막장은 항아리에 담아 두고
3~4개월 지나면 맛있게 익어요.

2부

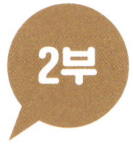

자주 먹는 장 음식

직접 담근 장으로 다섯 가지 양념장과 아홉 가지 음식을 만들어요.
장을 넣기 전과 후의 맛을 비교해 보며
즐겁게 만들어서 먹어요.

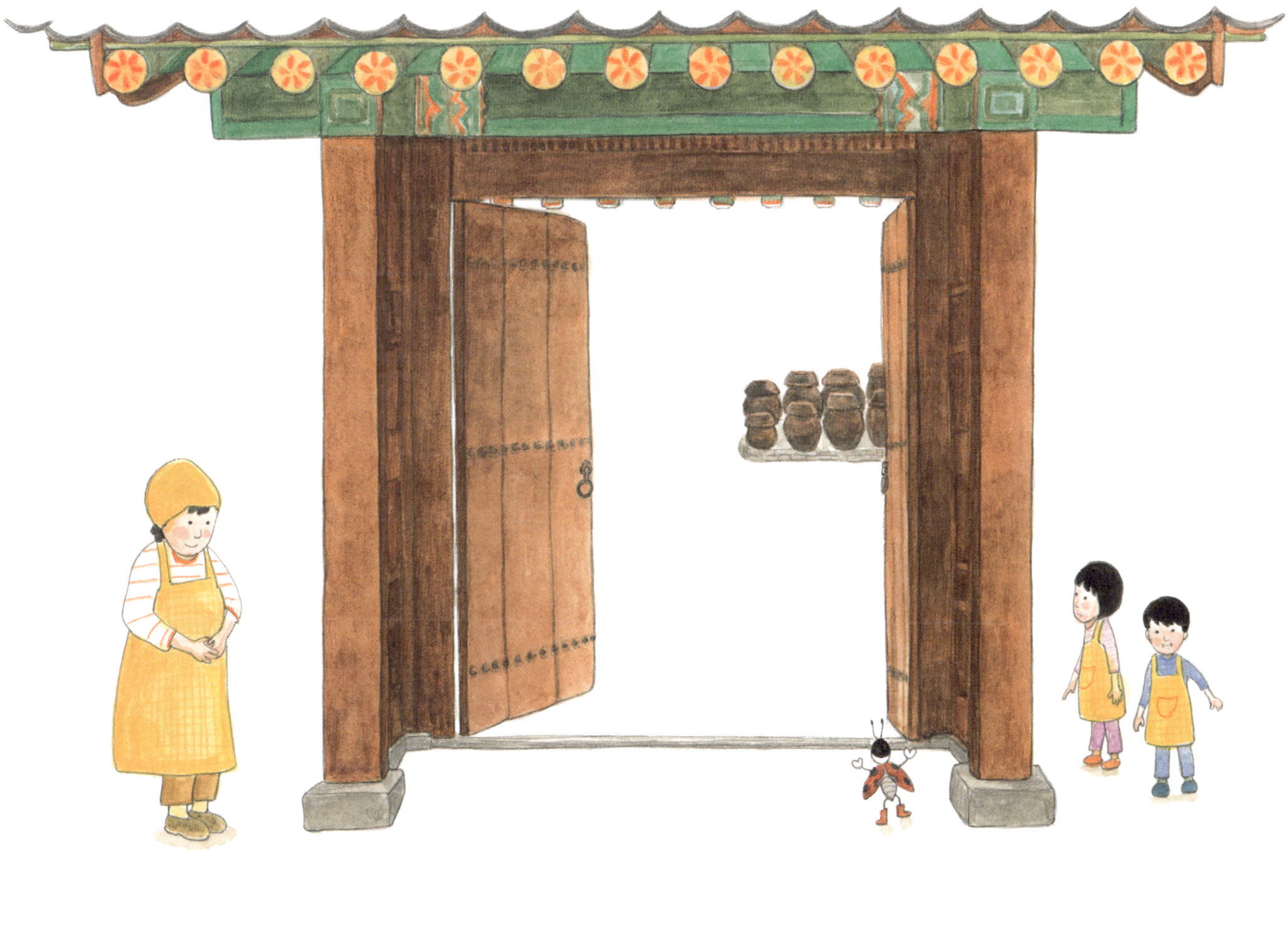

날마다 먹는 양념장

우리 밥상에 자주 오르는 한국 음식은
대부분 장으로 간을 맞춰요.
눈에 띄지 않은 채 맛을 더해 주지요.
그리고 들기름과 들깻가루만 넣어도 훌륭한 반찬이 되지요.
쉽고 맛있는 양념장부터 만들어 보세요.

들깨

들기름   들깻가루

다양한 양념   여러 가지 채소

두부된장쌈장

재료: 된장 200g(그램), 두부 100g, 물 조금
양념: 다진 양파 2큰술, 다진 마늘 2큰술, 다진 파 1큰술, 풋고추 2개, 들깻가루 1큰술

끓이지 않고 뚝딱 쌈장을 만들어요.
상추 같은 잎채소나 호박잎을 데쳐서 같이 먹으면 좋아요.

① 두부를 그릇에 넣고 으깬다.

② 된장 1컵을 함께 넣어 으깨면서 골고루 섞는다.

③ 양파, 마늘, 대파, 풋고추를 다져서 준비한다.

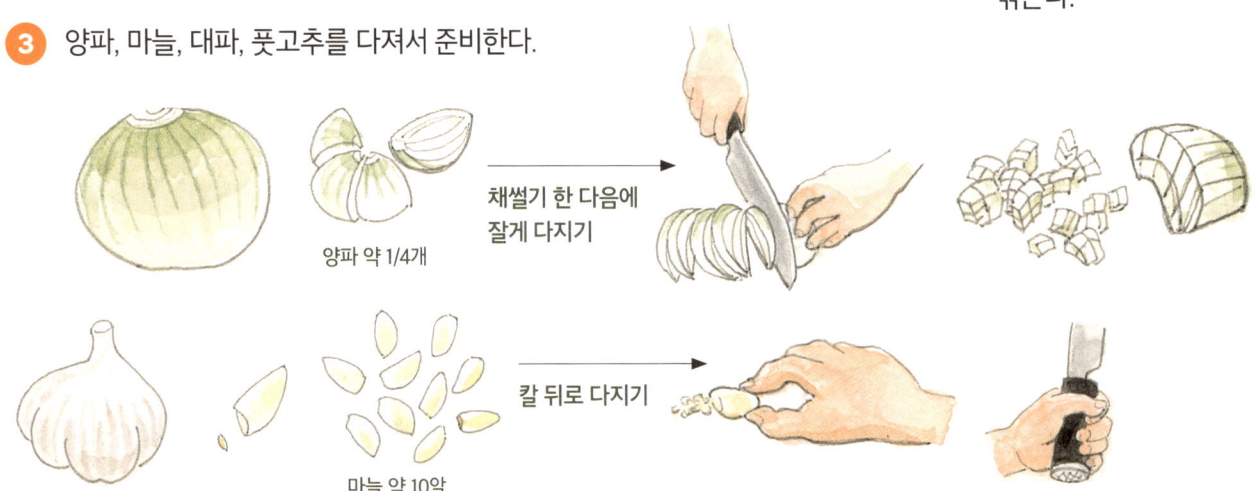

※ 칼을 사용할 때는 도마는 평평한 곳에 두고 언제나 안전하게 자리를 잡고 시작해요. 채소를 잡은 손은 살짝 오므리고, 칼은 도마와 수직이 되도록 세워서 썰어요. 서두르지 않고 천천히 하면 안전하게 칼질을 할 수 있어요.

쪽파 약 3개 → 뿌리 떼고 씻은 뒤 송송 썰기

풋고추 2개 → 꼭지를 떼고 길게 반으로 가른 뒤 다지기

4 다진 재료를 모두 ❷그릇에 넣는다.

양파   마늘   파   고추

물을 한 숟가락씩 넣으면서 농도를 보며 섞어요.

멸치나 버섯 가루가 있으면 1작은술 넣어도 좋아요.

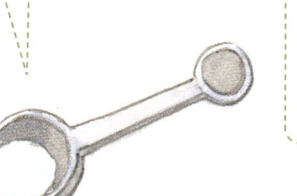

5 마지막에 들깻가루를 넣고 섞은 뒤 맛을 본다.

* **보관**
남은 쌈장은 냉장고에 넣어 두고 먹어요.
1주일 안에 먹어요.

맑은 된장국

재료: 된장 2큰술, 두부 반 모, 육수 4컵, 쪽파 3~5개

된장만 있으면 금세 끓일 수 있어요.
어느 음식에나 잘 어울려요.

① 쪽파를 씻어서 송송 썬다.
  - 부추를 준비해도 좋아요.

② 두부를 주사위 모양으로 썬다.
  - 1센티미터보다 작은 크기로 토막토막 썰어요.

③ 육수를 냄비에 넣고, 물이 따뜻해지면 된장을 넣고 푼다.
  - 맹물로 끓일 때는 멸치 10개를 넣어 주세요.

④ 보글보글 물이 끓으면 두부와 쪽파를 넣고 한소끔 더 끓인 뒤 불을 끈다.
  - ※ 뜨거운 물이 튀지 않게 조심히 넣어요.

* **육수 만들기**
  멸치, 다시마, 표고버섯을 넣고 끓인 물이에요.
  육수 대신 맹물로 해도 괜찮아요.

애호박된장찌개

재료: 된장 3큰술, 육수 4컵, 애호박 반 개, 감자 1개, 양파 1/4개, 두부 반 모
양념: 대파 1개, 풋고추 1개, 고춧가루 1큰술, 간장 조금

제철마다 나오는 채소를 넣어 사계절 다르게 끓일 수 있어요.
봄에는 냉이, 여름에는 호박, 가을에는 감자, 겨울에는 배추를 넣어 보세요.

1. 여름에 나오는 제철 애호박을 골라서 숭덩숭덩 썬다.

2. 감자, 양파, 두부를 호박과 비슷한 크기로 썬다.

3. 대파, 고추는 어슷어슷 썬다.

4. 불에 올린 육수가 따뜻해지면 된장을 푼다.

> 맑은 된장국과 같아요.

5. 물이 끓기 시작하면 단단한 감자를 먼저 넣는다. 감자가 익으면, 호박, 양파, 두부를 넣고 한소끔 더 끓인다.

6. 고춧가루, 대파, 고추를 넣고 간을 본다. 간장으로 간을 더하고, 불을 끈다.

간장불고기

재료: 돼지고기 불고깃감 600g, 양파 1개, 대파 1뿌리, 더덕 3~5뿌리, 후추
고기 양념: 간장 3큰술, 물 3큰술, 설탕 1큰술, 다진 생강 1작은술, 청주 1큰술

우리가 담근 간장으로 고기를 재우면
맛이 더 좋아요.
물을 넣어 짠맛은 조금 줄이고,
단맛을 더해서 양념을 만들어요.

① 얇게 썬 돼지고기를 준비한다.

주방용 종이 타월로 눌러서 핏물을 빼요.

② 고기 양념을 만들어서 조물조물 버무려 재워 둔다.

③ 양파는 깨끗이 씻어 굵게 채 썬다.

④ 대파는 깨끗이 씻어 4~5cm로 자른 뒤, 길게 반을 가른다.

5 더덕은 껍질을 벗기고 반을 갈라 나무 방망이로 툭툭 두드려 놓는다.

부드러워지고 양념이 잘 배어요.

6 더덕을 ❷에 넣고 양념이 배도록 조물조물 버무린다.

우엉을 넣어도 됩니다. 뿌리채소가 없다면 파나 양파를 하나 더 넣어요.

8 돼지고기가 반쯤 익으면 양파와 대파 흰 부분을 넣고 볶는다.

7 프라이팬을 달구고, 팬이 뜨거워지면 볶는다.

9 물기 없이 고기가 다 익으면 남은 대파와 후추를 넣고 지글지글 볶은 다음, 불을 끈다.

45

약고추장

재료: 고추장 1컵, 다진 소고기 100g, 꿀 4큰술, 들기름 1큰술, 잣 1큰술, 배즙 반 컵
고기 양념: 간장 1큰술, 다진 파 1큰술, 다진 마늘 2작은술, 참기름(또는 들기름) 1작은술, 후추 조금

고추장을 익혀서 만든 쌈장을 약고추장 또는 숙고추장이라고 해요. 밑반찬으로 먹거나 양념으로 써도 좋아요.

① 기름기가 적은 다진 소고기를 준비한다. 고기 양념이 배도록 조물조물 무친다.

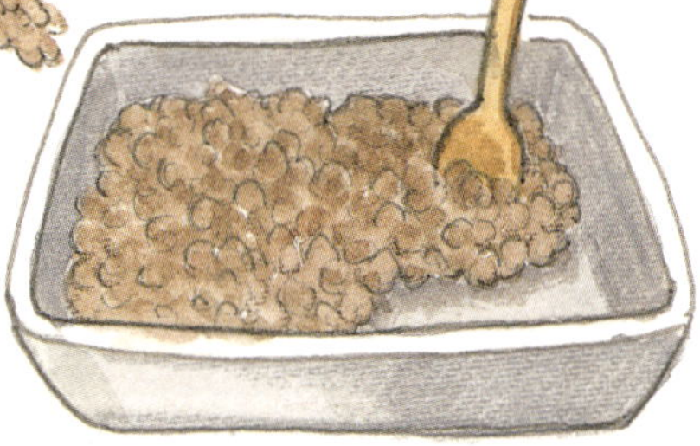

다진 소고기

간장 다진 파 다진 마늘 참기름 후추

② 팬을 달구고 양념한 고기를 볶는다.

③ 다 익으면 넓은 그릇에 담아 식힌다.

④ 고추장과 배즙을 팬에 넣고 잘 저으며 끓인다.

⑤ 볶은 고기를 넣고, 되직해질 때까지 끓인다.

> 되직하면 타기 쉬우므로 바닥이 눋지 않도록 저으며 끓여요.

⑥ 고기와 장이 잘 어우러지게 졸여지면, 약한 불로 줄이고, 꿀을 넣고 잘 섞는다.

> 고추장 색이 진해지고 거품이 폭폭 크게 올라오면 잘 익은 거예요.

⑦ 불을 끄고, 잣가루와 들기름을 넣고 섞는다.

> 다 식은 뒤에 보관할 그릇에 담아요.

* **보관**
냉장고에 넣어 두고 먹어요.
1주일 안에 먹는 게 좋아요.

떡꼬치

재료: 떡볶이 떡 15~20개, 식용유
양념: 고추장 1큰술, 토마토케첩 1큰술, 조청 1큰술, 설탕 1작은술

고추장과 떡만 있으면
맛있는 간식을 뚝딱 만들 수 있어요.

1. 고추장과 양념을 그릇에 넣는다.
2. 떡을 꼬치에 꿴다.
3. 팬이 달궈지면 기름을 두르고, 떡꼬치를 굽는다.
4. 구운 떡꼬치에 고추장 양념을 발라서 먹는다.

- 설탕이 녹을 때까지 잘 섞어요.
- 꼬치 길이에 따라 3~5개 꽂아요.
- 앞뒤로 노릇노릇해지도록 구워요.

기름떡볶이

재료: 떡국떡 1~2줄, 식용유, 견과류 조금
양념: 고추장 1큰술, 마늘 1작은술, 토마토케첩 1큰술, 조청 1큰술, 설탕 1작은술

가래떡이나 조랭이떡으로 기름떡볶이도 만들어 볼까요?

1. 고추장에 다진 마늘과 양념을 넣고 섞는다.
2. 견과류를 잘게 다져 놓는다.
3. 말랑말랑 알맞게 굳은 가래떡을 1~2cm로 자른다.
4. 달군 팬에 식용유를 두르고, 떡을 넣는다. 노릇노릇 구워지면, 고추장소스를 넣고 볶는다. 양념이 졸아들면 불을 끈다.
5. 그릇에 담고, 견과류를 뿌려서 먹는다.

견과류는 딱딱한 씨앗이에요. 다지기가 쉽지 않으니 천천히 잘라요.

조랭이떡으로 만들어도 좋아요.

김치청국장찌개

재료: 청국장 150g(2큰술), 김치 200g, 돼지고기 200g, 쌀뜨물 3컵
고기 양념: 간장 1큰술, 다진 마늘 1큰술, 들기름 조금, 후추 조금
양념: 대파 1뿌리, 소금

주로 겨울에 만들어서
따뜻하게 끓여 먹던 찌개예요.
순하고 고소해서
누구나 좋아해요.

① 돼지고기를 먹기 좋은 크기로 썰어서 고기 양념으로 밑간한다.

② 김치도 돼지고기와 비슷한 크기로 썬다.

③ 대파는 어슷어슷 썰어 둔다.

④ 냄비를 불에 올리고, 밑간한 돼지고기를 볶는다.

⑤ 고기가 익으면 김치를 넣고 볶는다.

막장소스덮밥

재료: 막장 5큰술, 카레용 소고기 200g, 육수 3컵, 녹말 물(녹말 1 : 물 3) 조금
고기 양념: 간장 1작은술, 들기름 조금, 후추 조금
양념: 양파 1개, 단호박 1개, 고구마 1개, 감자 1개, 당근 반 개, 사과 1개

막장 또는 된장으로 덮밥을
만들어 볼까요?
카레와 만드는 방법이 비슷하니
어렵지 않아요.

① 고기에 양념을 한다.

② 손질한 감자, 양파, 당근, 고구마, 사과, 단호박을 깍둑썰기 한다.

껍질이 단단한 단호박을
자를 때에는 어른의 도움을 받으세요.
단호박이 없다면 위 채소 중
하나를 더 넣어요.

편집자의 편지

● **장으로 차린 첫 밥상**

다른 사람을 위해 밥상을 차려 본 적 있나요? 저는 초등학교 때
처음 상을 차려 본 기억이 있어요. 엄마 아빠가 집안 행사로
낮에 집을 비우셨거든요. 엄마가 아침에 당부하셨어요.
"찬장(음식이나 그릇을 넣어 두는 장)에 있는 반찬 꺼내서
할아버지랑 점심 먹어."
부엌 뒤쪽에는 장독대가 있었고, 장독대 주변에는 풀밭이 있었는데,
거기서 나는 풀은 자주 밥상에 오르는 나물이 되었어요.
봄이었나 봐요. 달래가 길게 뻗어 자란 것이 눈에 띄었어요.
엄마가 먹는 풀을 골라내 캐서 흙을 털고 물에 씻어서
곧바로 장에 무쳐 주셨던 게 기억났어요.
그대로 흉내 냈어요. 달래를 캐서 흙을 털고 물에 씻고, 쫑쫑 칼로 썰고
간장을 조르륵 부었어요. 그리고 통깨도 한 자밤 뿌렸지요.
엄마가 준비하신 반찬을 꺼내고, 달래장 하나를 더해 상을 차렸어요.
할아버지와 둘이 작고 동그란 밥상에 앉았어요.
할아버지가 달래장을 밥에 비벼서 드셨어요. 아무 말 없이요.
그러다 엄마 아빠가 저녁에 돌아오니 이렇게 말씀하셨어요.
"정임이가 차려 줘서 점심 잘 먹었다."
그 맛은 기억이 안 나는데, 내가 만든 달래장을 할아버지가 드신 장면은
여전히 떠올라요. 언제든 뚜껑을 열면, 장이 있는 장독대가 있었기 때문에
첫 조리가 가능했어요.

● **한국 음식은 곧 장 음식**

한국 음식의 인기가 뜨거워요. 고추장과 간장을 모르는 외국인이
없을 정도예요. 콩을 주재료로 만드는 우리 장을 'K-소스'라고 할 수 있어요.
시장에 가도 아주 많은 장이 있으니 골라서 살 수 있고요.
장을 담그기로 마음먹었다면, 28쪽 고추장에 도전해 보세요.

관심을 갖고 보면, 고추장 재료를 파는 곳이 생각보다 많답니다.
재래시장, 지역 농협, 농민 단체, 종교 단체 등에서 파는
곱게 가루 낸 고추장 재료를 버무리면 됩니다.
청국장은 재료는 단순하지만 돌보는 기술이 필요하고,
막장은 재료는 여럿이지만 만드는 방법은 간단해요.
34쪽 막장부터 담가 보세요.

● 다시 밥상의 중심에 장

장독대가 있다면 이 모든 장 중에서 가장 쉬운 건 16쪽 장 담그기예요.
요즘 저는 친구들과 함께 가장 쉬운 장을 담그고 있어요.
장독대 하나를 여럿이 공유하는 거예요. 내가 소유한 장독대가 없어도 장을 담글 수 있지요.
그리고 친구들과 모여서 음식을 만들고 나누어 먹는 게 취미입니다.
다른 사람에게 음식을 차려 주는 경험을 한번 해 보세요. 만족감, 자신감이 무척 높아져요.
그것은 행복이라는 감정과 같더라고요.
좋아하는 사람들과 맛있는 음식을 같이 먹는 것은 언제나 행복이에요.
스스로 차리는 밥상은 보람과 의미까지 더해집니다.
장을 담그고, 장 음식을 밥상의 중심에 놓아 주세요.
장과 같은 깊고 건강한 행복이 맛깔나게 이어지길 바라며 만든 이 책을
먼저 여러분들께 전합니다.

찾아보기

음식 이름과 주요 식재료 이름의 가나다 순서입니다.

- 간장 _ 10, 16
- 간장불고기 _ 44
- 고추장 _ 10, 28
- 기름떡볶이 _ 49
- 김치청국장찌개 _ 50
- 단호박 _ 52
- 더덕 _ 45
- 동이 _ 16
- 되 _ 16
- 된장 _ 10, 16
- 두부 _ 40
- 두부된장쌈장 _ 40
- 들깨 _ 38
- 떡꼬치 _ 48
- 막장 _ 10, 34
- 막장소스덮밥 _ 52
- 말 _ 16

- 맑은 된장국 _ 42
- 메주 _ 12, 17
- 쌀뜨물 _ 51
- 애호박 _ 43
- 애호박된장찌개 _ 43
- 약고추장 _ 46
- 양념장 _ 38
- 장독대 _ 18
- 청국장 _ 10, 32
- 콩 _ 12, 32